I0014208

Mohand Moktefi
Lhadi Bouzidi

Système de Numérisation, d'Archivage et de Gestion des Documents

Salah Touchi
Mohand Moktefi
Lhadi Bouzidi

Système de Numérisation, d'Archivage et de Gestion des Documents

Éditions universitaires européennes

Impressum / Mentions légales
Bibliografische Information der Deutschen Nationalbibliothek: Die Deutsche Nationalbibliothek verzeichnet diese Publikation in der Deutschen Nationalbibliografie; detaillierte bibliografische Daten sind im Internet über http://dnb.d-nb.de abrufbar.

Alle in diesem Buch genannten Marken und Produktnamen unterliegen warenzeichen-, marken- oder patentrechtlichem Schutz bzw. sind Warenzeichen oder eingetragene Warenzeichen der jeweiligen Inhaber. Die Wiedergabe von Marken, Produktnamen, Gebrauchsnamen, Handelsnamen, Warenbezeichnungen u.s.w. in diesem Werk berechtigt auch ohne besondere Kennzeichnung nicht zu der Annahme, dass solche Namen im Sinne der Warenzeichen- und Markenschutzgesetzgebung als frei zu betrachten wären und daher von jedermann benutzt werden dürften.

Information bibliographique publiée par la Deutsche Nationalbibliothek: La Deutsche Nationalbibliothek inscrit cette publication à la Deutsche Nationalbibliografie; des données bibliographiques détaillées sont disponibles sur internet à l'adresse http://dnb.d-nb.de.

Toutes marques et noms de produits mentionnés dans ce livre demeurent sous la protection des marques, des marques déposées et des brevets, et sont des marques ou des marques déposées de leurs détenteurs respectifs. L'utilisation des marques, noms de produits, noms communs, noms commerciaux, descriptions de produits, etc, même sans qu'ils soient mentionnés de façon particulière dans ce livre ne signifie en aucune façon que ces noms peuvent être utilisés sans restriction à l'égard de la législation pour la protection des marques et des marques déposées et pourraient donc être utilisés par quiconque.

Coverbild / Photo de couverture: www.ingimage.com

Verlag / Editeur:
Éditions universitaires européennes
ist ein Imprint der / est une marque déposée de
OmniScriptum GmbH & Co. KG
Heinrich-Böcking-Str. 6-8, 66121 Saarbrücken, Deutschland / Allemagne
Email: info@editions-ue.com

Herstellung: siehe letzte Seite /
Impression: voir la dernière page
ISBN: 978-3-8417-9368-3

Copyright / Droit d'auteur © 2014 OmniScriptum GmbH & Co. KG
Alle Rechte vorbehalten. / Tous droits réservés. Saarbrücken 2014

1

Liste des abréviations

S.N.A.G.E.L	Système de Numérisation, d'Archivage et Gestion d'Examens en Ligne
Q.C.M	Question à Choix Multiples
R.G.B	Rouge, Gris, Bleu
T.D	Travaux Dirigés
U.M.L	Unified Modelling Language
O.M.R	Optical Marker Recognition
C.N.I.L	Commission National Informatique et Liberté
U.B.C	University of British Columbia
P.P.P	Points Par Pouce
D.P.I	Dots Per Inches
R.A.E	Reconnaissance Automatique de l''Ecriture
G.E.D	Gestion Electronique de Documents
O.C.R	Optical Character Recognition
L.D.A.P	Lightweight Directory Access Protocol
MYSQL	Système de gestion de base de données (SGDB)
F.T.P	File Transfer Protocol

Liste des figures

Introduction

L'examen constitue l'une des tâches les plus délicates pour tous les acteurs gravitant autour du processus d'apprentissage (étudiants, enseignant et administration). Trop d'investissement est dépensé pour l'organisation des examens. Cependant, beaucoup de problèmes subsistent : Difficulté de consultation des examens par les étudiants, difficultés de retrouver une copie d'examen pour les enseignants et difficulté d'archivages des examens.

Nous proposons dans ce projet de concevoir et de réaliser une solution qui permettra, à partir des copies d'examen, de réaliser un archivage numérique. Cette opération permet un classement des copies selon leur appartenance (facultés, département, filière, cycle, niveau, matière, étudiant). Plusieurs modules devraient être réalisés : Un module de configuration, Un module de création des prés imprimes (impression des entêtes des copies), Un module de numérisation, Un module de classement, Un module d'hébergement des copies sur un serveur, Un module de consultation en ligne des copies, Un module de gestion des copies en lignes (exploitation pédagogique des copies). Dans le présent travail, nous nous sommes concentrés sur les cinq premiers modules.

Le module de configuration permet de personnaliser notre logiciel en définissant des paramètres comme la langue, l'intitulé de l'institution, la structure de l'université (faculté, département etc.) et l'aspect graphique. Eventuellement, offrir la possibilité d'indiquer un serveur d'annuaire pour les authentifications (utilisateurs) et la possibilité d'importation des utilisateurs.

Le module de création des prés imprimés se base sur la base de données locale et permet d'imprimer les différents entêtes des copies d'examen d'une façon automatique.

Le module de numérisation démarre à partir de copies originales mises dans un chargeur automatique d'un scanner. Puis elle doit générer un dossier comportant en vrac toutes les copies des différentes feuilles des copies d'examen. Ici, on a envisagé l'utilisation d'un logiciel de numérisation du marché. On peut aussi, dans un souci d'une meilleure intégration prévoir un module spécifique réalisé par nos soins.

Le module de classement démarre à partir de copies numérisées (images) et se servira de techniques de reconnaissance des caractères (imprimés) pour identifier toutes les informations nécessaires pour effectuer un classement des différentes feuilles des copies d'examens. Parmi ces informations, on a le nom, le prénom de l'étudiant, les noms (ou codes) de la faculté, du département, de la filière, du cycle, du niveau concernés.

Le module de consultation doit permettre aux différents acteurs impliqués dans le processus d'évaluation de consulter sur Internet les copies. Cette consultation sera régie par des règles de droit d'accès.

Le module de gestion sera prévu mais ne sera pas réalisé dans le cadre de ce projet. Il permettra d'exploiter les copies d'examen pour la correction de l'enseignant, les réclamations et éventuellement la correction par les pairs.

Ce mémoire relate à travers une présentation de notre problématique, d'une étude bibliographique, d'une conception et d'une réalisation, et de notre démarche pour lancer le projet SNAGEL.

Problématique

Plusieurs facteurs font que l'examen soit une activité sensible et source de soucis. La complexité de son organisation, de son évaluation, de l'affichage des notes et de la consultation des copies corrigées, font que des erreurs peuvent surgir à n'importe quelle étape de ce processus.

La consultation des copies est souvent consommatrice en temps (En général, une séance de cours ou de Travaux Dirigés –TD- est sacrifiée au détriment de la pédagogie). Lors de la consultation de sa copie d'examen, l'étudiant n'a souvent pas le temps de vérifier correctement si les notes obtenues correspondent au travail présenté. L'enseignant est souvent confronté à une masse d'étudiants qui signalent au même temps, à tort ou à raison, des erreurs de notation. Cette situation est souvent synonyme de grand stress que ce soit pour l'enseignant ou les étudiants. Il arrive que les étudiants n'aient pas accès à la solution lors de la consultation de leurs copies d'examen. Ceci peut occasionner des incompréhensions et des tensions.

L'affichage des notes pose souvent des problèmes de lisibilité et d'espace sur les panneaux d'affichage. Quelques fois, des affiches sont déchirées ou carrément enlevées. Il arrive aussi que des affichent soient illisibles.

Nous proposons de remédier à cette situation, en permettant à ces différents acteurs (étudiants, enseignants et administration) à mieux gérer les copies d'examens. Notre premier souci est donc d'archiver numériquement les copies d'examen et de les rendre accessibles à toute personne ayant le droit d'accès.

Démarche

La solution que nous avons préconisée pour répondre à la problématique posée ci-dessus consiste en un système informatique de numérisation d'archivage et de gestion des examens en ligne (SNAGEL). La méthodologie entreprise a consisté à concevoir et développer SNAGEL en suivant les principes d'U.M.L (Unified Modeling language), traduisez «langage de modélisation unifié». Cependant, nous avons utilisé une démarche :

> ➢ Itérative et incrémentale.
> ➢ Guidée par les besoins des utilisateurs du système.
> ➢ Centrée sur l'architecture logicielle.

Une démarche itérative et incrémentale : L'idée est simple : pour modéliser SNAGEL qui est un système complexe, nous l'avons réalisée en plusieurs fois, en affinant son analyse par étapes. Cette démarche nous l'avons appliquée au cycle de développement dans son ensemble, en favorisant le prototypage. Le but est de mieux maîtriser la part d'inconnu et d'incertitudes qui caractérisent les systèmes complexes.

Une démarche pilotée par les besoins des utilisateurs : Sur ce projet, ce sont les utilisateurs qui nous ont guidés pour la définition des modèles décrivant tout les aspects de notre application : Le périmètre du système à modéliser (les besoins des utilisateurs qui définissent ce que doit être le système) et le but du système à modéliser (répondre aux besoins de ses utilisateurs). Les besoins des utilisateurs nous ont servi aussi de fil rouge, tout au long du cycle de développement (itératif et incrémental) : A chaque itération de la phase d'analyse, on a clarifié, affiné et validé les besoins des utilisateurs, à chaque itération de la phase de conception et de réalisation, on a veillé à la prise en compte des besoins des utilisateurs et enfin à chaque itération de la phase de test, on a vérifié que les besoins des utilisateurs sont satisfaits [13].

Une démarche centrée sur l'architecture : Une architecture adaptée est la clé de voûte du succès d'un développement. Elle décrit des choix stratégiques qui déterminent en grande partie les qualités du logiciel (adaptabilité, performances, fiabilité...). Dans le cahier de charge, nous avons décomposé les besoins fonctionnels en plusieurs catégories correspondantes à des modules à réaliser de façon indépendante. Chaque module correspondant à un sous-système pour lequel nous avons indiqué ses entrées et ses sorties. Cette démarche permet une conduite incrémentale et itérative du projet.

I. Etude bibliographique du domaine

I.1 Evaluation assistée par ordinateur

Le domaine de l'évaluation est autant complexe que vaste. Diverses techniques sont utilisées que ce soit en classe que par le biais d'Internet. Il se trouve que l'utilisation des technologies pour organiser des évaluations (examen ou tests) devient de plus en plus importante actuellement et séduit de plus en plus la communauté éducative. La majorité des techniques utilisées en ligne pour l'évaluation automatisée se résume principalement à des QCM (Questions à Choix Multiple). Il existe divers outils de création des tests (comme Hotpotatos ou Netquiz). Il existe aussi des environnements numériques de travail qui offre tout une batterie d'outils d'évaluation en ligne comme les tests et les devoirs. Nous avons remarqué que des outils d'évaluation entièrement automatisé qui reprenne toutes les dimensions des examens en classe n'existent pas. Cependant, il existe des systèmes hybrides qui marient l'organisation d'examen sur papier en classe avec l'utilisation des technologies. Nous citons l'exemple des OMR (lecteur optique de QCM). Ces outils permettent une évaluation automatisée d'examens en classe composés de QCM.

Pourquoi évoquer l'évaluation assistée par ordinateur dans notre travail ? En réalité, notre système constitue un outil de mise en ligne automatisée des examens. Mais c'est pour pouvoir exploiter les images numériques de ces derniers directement sur Internet. L'une des applications les plus importantes que l'on va opérer est justement l'évaluation assistée par ordinateur. Ainsi, notre travail sera complété par d'autres outils d'évaluation en ligne.

I.2 Archivage électronique

Imaginez que, du jour au lendemain, vous ne pouvez plus pénétrer dans le bâtiment abritant vos dossiers les plus importants. Dans le monde actuel des affaires et de la politique, les entreprises comme les administrations commencent à s'intéresser de près à leurs processus ainsi qu'aux documents, archivés ou non, qu'ils produisent. Lorsque le principal support était le papier, archiver signifiait conserver du papier. Mais avec la création d'un nombre croissant de documents électroniques, quelle forme prend l'archivage ? Comment préserver de manière homogène une documentation mixte papier/électronique ? Comment éviter d'utiliser des documents papier ? Comment procéder pour qu'un document ait strictement le même aspect aujourd'hui et dans 30 ans ? Comment assurer une intégrité homogène des archives ?

L'apparition de l'ordinateur individuel dans l'entreprise a radicalement changé l'environnement de l'archivage. Jusqu'aux années 1990, la plupart des bureaux employaient encore un service de dactylographie ou de saisie sur traitement de texte, et conservaient leurs documents sur support papier dans des dossiers centralisés. Cependant, dès que l'informatique s'est généralisée la salle de classement centralisé a perdu toute utilité. Désormais, il appartient à chacun de créer, classer et gérer ses propres documents. Les entreprises et les administrations ont ainsi perdu le contrôle de ces documents [5].

I.2.1 Définition de l'archivage

L'**archivage** est l'action de mettre en archive, d'archiver. Employé surtout à l'origine pour les seuls documents électroniques, comme un synonyme de stockage ou de sauvegarde, il tend de plus en plus à être utilisé pour tous les documents, quels qu'en soient la nature et le support, et à remplacer conservation.

10

L'**archivage de contenus électroniques** est l'ensemble des actions, outils et méthodes mis en œuvre pour réunir, identifier, sélectionner, classer et conserver des contenus électroniques, sur un support sécurisé, dans le but de les exploiter et de les rendre accessibles dans le temps, que ce soit à titre de preuve (en cas d'obligations légales notamment ou de litiges) ou à titre informatif. Le contenu archivé est considéré comme figé et ne peut donc être modifié.

La durée de l'archivage est fonction de la valeur du contenu et porte le plus souvent sur du moyen ou long terme. La conservation est l'ensemble des moyens mis en œuvre pour stocker, sécuriser, pérenniser, restituer, tracer, transférer voire détruire, les contenus électroniques archivés. Il convient de bien dissocier l'archivage et la conservation :

- du stockage, qui s'apparente aux actions, outils et méthodes permettant d'entreposer des contenus électroniques et servant de base au traitement ultérieur des contenus ;

- de la sauvegarde, qui peut être définie comme étant l'ensemble des actions, outils et méthodes destinés à dupliquer des contenus électroniques d'origine dans un but sécuritaire pour éviter leur perte en cas de dysfonctionnement du dispositif sur lequel ils sont enregistrés. Le contenu sauvegardé n'est pas considéré comme figé et peut donc être modifié ou remplacé. La durée de la sauvegarde est fonction de sa périodicité et porte le plus souvent sur du court terme.

I.2.2 Les facettes de l'archivage électronique

L'archivage électronique de documents doit être envisagé sous plusieurs angles : Il permet de conserver une trace d'opérations et de contrats effectués dans le passé. Il doit alors suivre certaines procédures, encadrées par la loi et les normes, afin que les archives puissent avoir valeur de preuve. Il peut servir à capitaliser une expérience scientifique et technique, pour une réutilisation future de résultats. Il peut, enfin, porter atteinte au respect de la vie privée s'il conserve trop longtemps des données à caractère personnel, surtout lorsque ces données sont mal protégées des intrusions extérieures. C'est à ce titre qu'intervient la Commission nationale de l'informatique et des libertés (CNIL) et la loi informatique et libertés.

I.2.3 Fichiers d'archives en informatique

Ce terme est utilisé en informatique pour la réunion en un seul fichier de nombreux autres fichiers. Ce fichier d'archive se prête à la mise à jour, au stockage ou au transfert par réseau. L'archivage peut être simple (format tar, par exemple), ou bien combiné avec du compactage (tar.gz, tar.bz2, zip, rar, ace etc.). Pour une archive informatique de longue durée, il est important de s'assurer autant que possible de l'indépendance de l'information par rapport à son format : par exemple pour des données archivées pour 20 ans, il est préférable de stocker l'information sous forme de texte, plutôt que dans un format natif pour lequel le programme associé risque de ne plus être disponible, ou dont le système d'exploitation ne sera plus opérationnel.

I.2.4 Conditions requises en matière de pertinence des documents

Pour constituer des références valables permettant de retracer des actions et des décisions passées, les archives électroniques doivent être gérées de manière à préserver l'intégrité et l'authenticité de leur contenu. Pour cela, il est nécessaire d'adapter le programme de gestion des documents en place, et d'élargir la définition des documents de sorte qu'elle couvre non seulement le support papier, mais également la forme électronique. La création et la gestion d'un archivage électronique doivent être organisées au moyen de règles et de procédures, et d'une planification applicable à l'ensemble de la société. L'archivage doit en outre impérativement respecter les normes établies par l'entreprise.

Dans le domaine de la gestion des documents, la préservation du contenu, du contexte et de la structure des documents a toujours constitué une préoccupation majeure. Luciana Duranti, de l'UBC (University of British Columbia), a démontré que les organismes ont intérêt à appliquer les mêmes règles et procédures pour tous les documents, que ceux-ci se présentent sous forme de papier, de fichiers électroniques ou de microfiches. Cette homogénéité de traitement accroît en effet l'authenticité et l'intégrité des documents.

Les critères servant à déterminer la pertinence des documents conservés doivent répondre aux besoins commerciaux et juridiques propres à chaque organisme ainsi qu'aux réglementations et impératifs externes. A chaque entreprise ou administration correspondent donc des critères bien particuliers. Pour déterminer l'approche technologique la plus adéquate, il est indispensable de réaliser une analyse des risques approfondie avec le plein concours du service juridique. L'équipe d'évaluation doit être composée des membres suivants :

- Responsables de documentation et archivistes : pour leur connaissance des types de personnes autorisés à accéder aux documents, des motifs d'accès et de la durée d'accessibilité des documents ;
- Créateurs et utilisateurs des documents : pour leur connaissance de l'intérêt des documents et de leur valeur pratique.

I.2.5 Avantages des archives électroniques

La mise en place et le suivi permanent d'un système d'archivage électronique présentent de nombreux avantages. Par comparaison avec leur équivalent papier, les archives électroniques offrent un accès beaucoup plus facile à leur contenu, permettent de partager plus efficacement les informations et contribuent davantage à faire circuler le savoir. Désormais, les archives ne sont plus le domaine réservé de quelques personnes ayant une connaissance approfondie du système de classement. Pour permettre à un individu d'accéder aux informations contenues dans des archives électroniques, il suffit de lui octroyer les droits appropriés. De plus, la forme électronique peut représenter des économies de coût non négligeables dans l'ensemble de la société. En effet, la gestion d'archives sur papier peut représenter un budget important que l'archivage électronique peut considérablement diminuer. Ainsi, le consultant Price water house Coopers a publié une étude notoire selon laquelle une entreprise doit embaucher un nouvel archiviste à chaque douzième armoire classeur qu'elle installe ! L'étude indique en outre que, dans le monde de l'entreprise, une personne passe 5 à 15 % de son temps seulement à lire des informations, mais jusqu'à 50 % à les rechercher. Dans cette partie nous avons présenté les principales notions d'archivage électronique, dans ce qui suit nous allons discuter sur la reconnaissance des caractères imprimés.

I.3 Traitement d'images (codage, conversion, transformation)

I.3.1 Quelques définitions

Image	Pixels	Résolution
Peut-être considérée comme une matrice des intensités lumineuses des pixels de l'image	Est le plus petit élément constituant une image et qui représente une couleur bien précise	Nombre de pixels par unité de longueur, elle est représentée en dpi (dots per inches) ou ppp (points par pouce). Plus ce nombre est élevé, plus la quantité d'information est élevée et plus la résolution est élevée.

I.3.2 Les différents types d'images

Image en niveaux de gris	Image binaire	Image RGB
C'est une image dont chacun de ces pixels est codés sur 256 niveaux de gris (voir fig.1)	Chaque pixel est codé en binaire, on aura donc seulement deux niveaux d'intensité ('0'pour le noir et '255' pour le blanc) (voir fig.2)	Dans ce genre d'image, la couleur de chaque pixel est une superposition de trois couleurs de base : rouge, vert le bleu (Red Green Blue). Ainsi en représentant chaque couleur de base sur 8 bits (maximum) on aura une couleur codée sur trois octets, on pourra donc systématiser 16 million de couleur (voir fig.3)

Figure 1 : Image en plusieurs niveaux de gris

Figure 2 : Image binaire

15

Figure 3 : Image RGB

I.3.3 Binarisation

➤ **Objectif :**

    ○ Différentier la forme dans le fond d'image.

    ○ Simplification de l'image.

La Binarisation est une étape très importante pour la reconnaissance des caractères imprimés

➤ **Définition :** la Binarisation (le seuillage) est la technique de classification la plus simple où les pixels de l'image sont partagés par un seul seuil **s** en deux classes :

        • Ceux qui appartiennent au fond

        • Ceux qui appartiennent à la scène (l'objet). **[14]**

L'image est alors séparée en deux classes de façon à ce que l'information comprise entre **0** et **s** est retenue et l'autre non, ou vice-versa.

Soit l'image I (M x N), supposons que f(x, y) représente le niveau de gris du pixel aux coordonnées (x, y), $0 \leq x \leq M, 0 \leq y \leq N$ et s est le seuil choisi, les pixels de l'objet sont ceux ayant le niveau de gris inférieur à s et les autres ayant le niveau de gris supérieur à s sont des pixels du fond. Alors, l'image binarisée G est déterminée par les pixels (x, y) dont la valeur est :

$$g(x,y) = \begin{cases} 1 & si \quad f(x,y) > s \\ 0 & si \quad f(x,y) \leq s \end{cases}$$

Les méthodes de Binarisation se divisent en deux classes : globales et locales.

➢ **Les méthodes globales**

Calculent un seul seuil pour toute l'image. Les pixels ayant un niveau de gris plus foncé que le seuil sont mis à noir et les autres à blanc.

➢ **Les méthodes locales**

Calculent un seuil pour chaque pixel en fonction de l'information contenue dans son voisinage.[17]

I.3.3.1 Exemples des méthodes de Binarisation globales

➢ **Méthode Otsu**

Nous allons voir maintenant l'algorithme de séparation de l'image en deux classes distinctes. On va voir donc comment est déterminé le seuil.

La séparation se fait à partir des moments de premier ordre, c'est-à-dire la moyenne et l'écart type.

La méthode nécessite une normalisation de l'histogramme pour que la méthode soit indépendante du nombre de pixel dans l'image.

Ainsi si l'on considère N le nombre total de pixels inclus dans l'image

(N = largeur_image * hauteur_image), et ni le nombre de pixel pour un niveau de gris i déterminé (entre 0 et 255), on aura : $Pi = ni/N$

Largeur_image et hauteur_image étant mesurable en nombre de pixels.

Ainsi les deux moments peuvent s'écrire de la façon suivante:

$$m(k) = \sum_{i=1}^{k} i \times p_i$$

$$\omega(k) = \sum_{i=1}^{k} p_i$$

Avec

$$m_T = m(256)$$

Où 256 est le nombre total de niveaux de gris.

Si on appelle w0 la probabilité de la classe C0 et ω_0 la probabilité de la classe C1, alors on peut écrire: $\omega_0 = \omega(seuil\_ng)$

Où seuil_ng représente la valeur de seuil fixe que l'on va déterminer par la suite.

Et 1 = 1 - (seuil_ng).

Il en va de même pour μ_0 et μ_1

$$\mu_0 = \mu(seuil\_ng)/\omega(seuil\_ng)$$
$$\mu_1 = (\mu T - \mu(seuil\_ng))/(1 - \omega(seuil\_ng))$$

De plus comme il y a conservation du moment s on peut écrire :

$$\mu_0\omega_0 + \mu_1\omega_1 = \mu T$$

Et on a de même : $\omega_0 + \omega_1 = 1$

La partie la plus intéressante de l'algorithme est celle qui va déterminer la valeur seuil en faisant varier la variable k de 0 à 255.

Cela revient à calculer dans cette boucle le terme suivant :

$$S^2 = \omega_0\omega_1(\mu_1 - \mu_0)$$

Ce qui revient encore à cette expression :

$$S^2(k) = \omega(k) \times (1 - \omega(k)) \times (\mu T \times \omega(k) - \mu(k))^2 \quad [14]$$

> **Algorithme de la méthode**

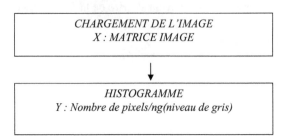

18

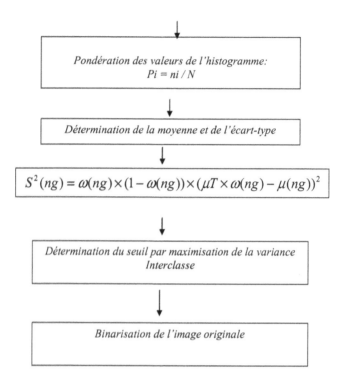

Organigramme de la méthode

> **Méthodes entropiques**

Détermine un seuil S à partir de l'entropie maximale de la distribution des niveaux de gris h_i (histogramme).

$$S = \underset{S \in [0..255]}{Arg \max} \left\{ Ln\left(\sum_{i<S} h_i \times \sum_{i \geq S} h_i \right) - \left(\frac{\sum_{i<S} h_i \times Ln(h_i)}{\sum_{i<S} h_i} + \frac{\sum_{i \geq S} h_i \times Ln(h_i)}{\sum_{i \geq S} h_i} \right) \right\}$$

I.3.3.2 Exemples des méthodes de Binarisation locales

> **Méthode de Niblack**

L'idée de la méthode est de varier le seuil dans l'image en fonction des valeurs de la moyenne locale et de l'écart type local.

Le seuil calculé pour le pixel *(x,y)* est : *m(x,y)+k*s(x,y)* avec *k=-0.2*

où *m(x,y)* et *s(x,y)* sont respectivement la moyenne et l'écart type calculés dans un voisinage local de *(x,y)*.

La taille du voisinage doit être petite pour préserver les détails locaux, mais suffisamment large pour supprimer le bruit .la valeur de *k* est utilisée pour ajuster la partie de l'objet « print » totale considérée comme appartenant à un objet donné.

Si on note *f(x,y)* le niveau de gris dans un point *(x,y)*, dans l'écart type local *s(x,y)* dans un voisinage de taille $(2k_1+1)\times(2k_2+1)$ autour de *(x,y)* peut être calculé comme suit :

$$S^2(x,y) = \frac{1}{(2k_1+1)(2k_2+1)} \sum_{m=-k_1}^{k_1} \sum_{n=-k_2}^{k_2} (f(x+m,y+n))^2 - (m(x,y))^2$$

Où $m(x,y)$ est la valeur moyenne de $f(x,y)$ dans le voisinage

$$m(x,y) = \frac{1}{(2k_1+1)(2k_2+1)} \sum_{m=-k_1}^{k_1} \sum_{n=-k_2}^{k_2} f(x+m,y+n).[16]$$

➢ **Méthode Sauvola**

- Niblack ne fonctionne pas sur un fond à texture claire :

- Les valeurs des éléments non désirés peuvent dépasser les seuils. De plus l'étape de post-traitement est couteuse.

Modification :

Seuil proposé : $T(x,y) = m(x,y) \times [1 + k \times s(x,y)/(R-1)]$ où R est le domaine dynamique de la variance et où *k* prend des valeurs positives (k=0.5et R=128).

La multiplication des deux termes par la moyenne locale à pour effet d'amplifier la contribution de la variance de manière adaptative.

Si on considère par exemple un texte foncé sur un fond clair, mais avec du bruit, *m* fait décroître la valeur du seuil dans la région du fond.

L'effet de cette méthode est d'effacer d'une manière efficace le bruit dans une image seuillée **[15]**.

I.3.4 Redressement d'un document

Le redressement est une opération fréquente en analyse de documents, souvent due à un mauvais positionnement du document sur le scanner, conduisant à une inclinaison de l'image..

$$y = ax + b$$

$$\alpha = \arctan(a)$$

Figure 4 : Redressement d'un document

I.3.4.1 Détection de l'angle d'inclinaison

Pour détecter α l'angle de l'inclinaison de l'image nous avons fait un balayage vertical de gauche vers la droite et, on a applique sur les premiers pixels rencontrés " *la méthode des approximations aux sens des moindres carrées*», cette dernière nous permet d'ajusté les pixels sur une droite d'équation :

Étant donné (x_i, y_i) les coordonnés des premiers pixels rencontrés, on aura ce système d'équation :

$$\sum_1^n x_i y_i = a \sum_1^n x_i^2 + b \sum_1^n x_i$$
$$\sum_1^n y_i = a \sum_1^n x_i + b \sum_1^n 1$$

Après la résolution de système d'équation on aura

$$b = (a_{11} c_2 - a_{21} c_1)/(a_{11} n - a_{21} a_{12})$$
$$a = (a_{12} c_2 - n c_1)/(a_{21} a_{12} - n a_{11})$$

$$\begin{pmatrix} \sum_1^n x_i^2 \sum_1^n x_i \\ \sum_1^n x_i \quad n \end{pmatrix} \begin{pmatrix} a \\ b \end{pmatrix} = \begin{pmatrix} \sum_1^n x_i y_i \\ \sum_1^n y_i \end{pmatrix}$$

a Représente la tangente de l'angle d'inclinaison de l'image, on peut facilement déduire l'angle qui est $\arctan(a)$.

$$A = \begin{pmatrix} \sum_1^n x_i^2 \sum_1^n x_i \\ \sum_1^n x_i \quad n \end{pmatrix} \qquad c = \begin{pmatrix} \sum_1^n x_i y_i \\ \sum_1^n y_i \end{pmatrix}$$

I.3.4.1 La rotation d'image

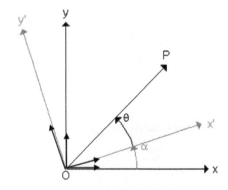

Le supposant P est un pixel qui peut être exprimé dans (x, y) dans le repaire $(o,\vec{i},\vec{j})$ et par

(x ', y ') dans le repaire $(o,\vec{i'},\vec{j'})$, où le x '-y ' des axes est fait tourner un alpha angulaire des axes x-y :

$$x = OP \cos(\theta + \alpha)$$
$$y = OP \sin(\theta + \alpha)$$

$$x' = OP \cos \theta$$
$$y' = OP \sin \theta$$

Rappelez-vous les relations de somme angulaire :

$$\cos(\theta + \alpha) = \cos \theta \cos \alpha - \sin \theta \sin \alpha$$
$$\sin(\theta + \alpha) = \sin \theta \cos \alpha + \cos \theta \sin \alpha$$

En employant les relations de somme angulaire dans les expressions pour x et y, les équations pour la rotation d'axes sont :

$$x = x' \cos \alpha - y' \sin \alpha$$
$$y = x' \sin \alpha + y' \cos \alpha$$

Ces deux équations peuvent être formellées dans la forme matricielle comme suit :

$$\begin{bmatrix} x \\ y \end{bmatrix} = \begin{bmatrix} \cos \alpha & -\sin \alpha \\ \sin \alpha & \cos \alpha \end{bmatrix} \begin{bmatrix} x' \\ y' \end{bmatrix}$$

Ces équations seulement s'appliquent à une rotation de l'origine, O. Si le centre de rotation est de quelque autre point, (x_{Centre}, Y_{Centre}), trois pas sont alors nécessaires :

1. L'origine est traduite à (x_{Centre}, Y_{Centre}).
2. La rotation décrite ci-dessus est exécutée.
3. Les points tournés sont traduits en arrière pour indemniser de la traduction originale de l'origine.

Cela peut être récapitulé dans la forme matricielle :

$$\begin{bmatrix} x \\ y \end{bmatrix} = \begin{bmatrix} x_{center} \\ y_{center} \end{bmatrix} + \begin{bmatrix} \cos \alpha & -\sin \alpha \\ \sin \alpha & \cos \alpha \end{bmatrix} \begin{bmatrix} x'- x_{center} \\ y'- y_{center} \end{bmatrix}$$

Si on applique toutes ces transformations sur tous les pixels on aura une image ajustée.

On a un autre problème causé par la rotation d'image qu'est l'effet d'escalier **[18]** (voir Figure 5).

Effet d'escalier

Figure 5. : Image à effet d'escalier

Quant la résolution est très élavée l'effet d'escalier n'est pas visible. Si l'on va au-delà du seuil de la perception humaine, comme sur une imprimante de 1200 points par pouce, l'effet d'escalier existe toujours mais n'est plus perceptible.

I.4 Reconnaissance des caractères imprimés

Après une longue période d'incubation qui a duré plus de trente ans, la reconnaissance automatique de l'écriture (RAE) a pris un réel envol en s'impliquant avec force dans plusieurs secteurs technologiques (édition numérique, commerce électronique, étude du patrimoine, traitement des objets postaux, sécurisation des documents, etc.). Elle s'affirme de jour en jour comme une réelle technique de codage du support écrit. Par ailleurs, portée par l'évolution de l'Internet et des réseaux de communication en ligne, la RAE est devenue un outil incontournable de la chaîne de gestion électronique de documents (GED) pour l'introduction du document dans la chaîne électronique. La RAE a su améliorer les performances de ses outils de reconnaissance automatique de caractères (OCR) dont les taux avoisinent actuellement les 99.98% sur des documents imprimés de bonne qualité. Sur le plan des interfaces, la RAE continue d'apporter des solutions d'assistance. Elle propose aujourd'hui des outils interactifs pour l'apprentissage de l'écriture. S'il est vrai que les nouvelles technologies permettent de prendre efficacement le relais du papier dans certains cas, celui-ci reste néanmoins un média courant bien ancré dans notre société par l'habitude, la simplicité d'utilisation et l'atmosphère qu'introduit son utilisation (livres, lettres, etc.). Nous allons présenter dans ce qui suit un bilan des activités et des recherches liées à la RAE en décrivant d'abord le principe de la numérisation des documents et les aspects méthodologiques, puis nous donnerons quelques exemples pour expliquer son application sur des cas pratiques.

I.4.1 Numérisation des documents

La numérisation du document est opérée par balayage optique. Le résultat est rangé dans un fichier de points, appelés pixels, dont la taille dépend de la résolution. Les pixels peuvent avoir comme valeurs : 0 (éteint) ou 1 (actif) pour des images binaires, 0 (blanc) à 255 (noir) pour des images de niveau de gris, et trois canaux de valeurs de couleurs entre 0 et 255 pour des images en couleur. La résolution est exprimée en nombre de points par pouce (ppp). Les valeurs courantes utilisées couramment vont de 100 à 400 ppp. Par exemple, en 200 ppp, la taille d'un pixel est de 0,12 mm, ce qui représente 8 points par mm.

Pour un format classique A4 et une résolution de 300 ppp, le fichier image contient   2 520 × 3 564 pixels. Il est important de noter que l'image n'a à ce niveau qu'une simple structure de lignes de pixels qu'il faudra exploiter pour retrouver l'information. La Figure (5) montre différents niveaux de résolution utilisés pour le même document. On peut remarquer la dégradation occasionnée par 75 ppp, l'insuffisance des 300 ppp pour le graphique, et l'inutilité des 1200 ppp pour l'ensemble.

La technicité des matériels d'acquisition (scanner) a fait un bond considérable ces dernières années. On trouve aujourd'hui des scanners pour des documents de différents types (feuilles, revues, livres, photos, etc.). Leur champ d'application va du "scan" de textes au "scan" de photos en 16 millions de couleurs (et même plus pour certains). La résolution est classiquement de l'ordre de 300 à 1200 ppp selon les modèles.

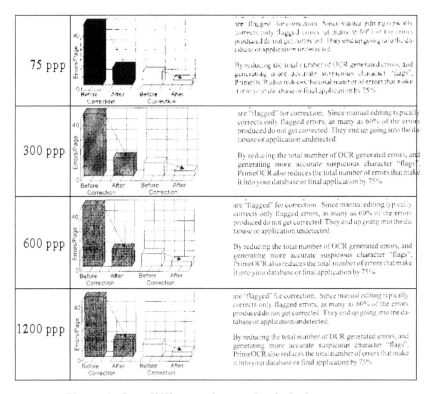

Figure 6 : Les différents niveaux de résolution

I.4.2 Aspects méthodologiques

Sur le plan méthodologique, la RAE propose des approches différentes suivant le mode d'écriture : manuscrit ou imprimé. En effet, la régularité de l'imprimé permet d'utiliser des techniques beaucoup plus fiables et beaucoup plus directes et rapides que celles pour le manuscrit dont la complexité et la variabilité sont très importantes. Cela explique que les OCR soient des outils courants sur le marché, alors que le manuscrit commence seulement à faire une percée.

I.4.2.1 Reconnaissance des caractères imprimés

La reconnaissance des caractères imprimés ou plutôt l'analyse d'images de documents concerne tout le processus de conversion de l'image. Ce processus est relatif à toutes les questions autour du langage écrit et sa transformation numérique : reconnaissance de caractères, formatage du texte, structuration du contenu et accès à l'information pour des applications d'indexation.

S'agissant souvent d'un processus de rétro conversion d'une structure existante, le processus de reconnaissance est guidé par un modèle explicite ou implicite de la classe étudiée. Le modèle décrit les éléments composant le document et leurs relations. Cette description peut être physique, relatant le format de mise en page, logique décrivant l'enchaînement des sous structures, ou sémantique portant sur le sens affecté à certaines parties. L'OCR est une étape importante dans la rétro conversion du document. Il encode évidemment les caractères et participe de manière très active à la reconnaissance de la structure.

Ce processus serait sans doute clair et "simple" s'il ne s'agissait que de documents textuels pour lesquels on dispose d'une structure éditoriale hiérarchique ; le problème est beaucoup plus délicat pour d'autres classes de documents où l'information n'est pas très organisée et le contenu est hétérogène (comprenant un mélange d'imprimé, de manuscrit et de graphique), comme c'est le cas pour les formulaires, les documents postaux ou techniques, les magazines, etc. Dans ce cas, il n'existe pas de modèle direct pour décrire la composition du document et l'on a souvent recours à un mélange de techniques de traitement d'images et du langage pour extraire l'information.

Le monde économique s'est emparé très tôt de cette technologie (le premier OCR date des années soixante). Il a finalisé les premiers travaux sur la reconnaissance optique des caractères et propose continuellement des

OCR avec des performances de plus en plus élevées. Aujourd'hui, il existe au moins une vingtaine d'OCR dont les plus connus sont TextBridge (Xerox), FineReader (Abbyy), Omnipage (Caere), Capture(Adobe).

I.4.2.2 Processus de reconnaissance

Les principales étapes d'une chaîne de reconnaissance sont :

-    **L'acquisition** permettant la conversion du document papier sous la forme d'une image numérique (bitmap). Cette étape est importante car elle se préoccupe de la préparation des documents à saisir, du choix et du paramétrage du matériel de saisie (scanner), ainsi que du format de stockage des images.

-    **Le prétraitement** dont le rôle est de préparer l'image du document au traitement. Les opérations de prétraitement sont relatives au redressement de l'image, à la suppression du bruit et de l'information redondante, et enfin à la sélection des zones de traitement utiles.

-    **La reconnaissance** du contenu qui conduit le plus souvent à la reconnaissance du texte et à l'extraction de la structure logique. Ces traitements s'accompagnent le plus souvent d'opérations préparatoires de segmentation en blocs et de classification des médias (graphiques, tableaux, images, etc.).

-    **La correction des résultats** de la reconnaissance en vue de valider l'opération de numérisation. Cette opération peut se faire soit automatiquement par l'utilisation de dictionnaires et de méthodes de correction linguistiques, ou manuellement au travers d'interfaces dédiées.

I.4.2.3 Identification de la langue et de la fonte

La connaissance de la langue permet d'adapter les modèles au vocabulaire spécifique. L'identification de la fonte permet de réduire le nombre d'alternatives des formes pour une classe donnée de caractères, conduisant pratiquement à une mono fonte. Ces deux mesures peuvent également servir dans des opérations d'indexation et d'interprétation.

Pour l'identification de la langue **[6]**, Spitz, un des pionniers du domaine, a proposé une méthodologie permettant de classer cinq langues différentes dans un même document. Il différencie d'abord les langues latines des langues asiatiques en utilisant l'écart type de la position verticale des concavités par rapport à la ligne de base. Ces concavités sont situées à la limite de la ligne de base pour le Latin, tandis qu'elles sont uniformément distribuées pour le Chinois, le Japonais et le Coréen.

Ensuite, les trois langues asiatiques sont séparées par examen de l'histogramme de distributions de leurs points.

La multiplication des fontes s'ajoute à la multiplication des langues dans un document. Les fontes sont classées en fonction de la police, du style (gras, italique) et du corps. Avec Belaid **[7]**, il a proposé dans le cadre de sa thèse une méthode structurelle utilisant les mêmes primitives du module de reconnaissance pour identifier la fonte majoritaire dans un bloc de texte **[8]**.Zramdini a proposé le système **ApOFIS** capable de distinguer plus de 280 fontes différentes en combinant 10 polices, 7 corps et 4 styles.

La fonte est identifiée avec 97% de précision, tandis que le style, le corps et la pente sont identifiés avec une précision s'échelonnant entre 97.5 et 99.9%.

I.4.2.4 Reconnaissance d'un texte

Un texte est une association de caractères appartenant à un alphabet, réunis dans des mots d'un vocabulaire donné. L'OCR doit retrouver ces caractères, les reconnaître d'abord individuellement, puis les valider par reconnaissance lexicale

Cette tâche n'est pas triviale car si l'OCR doit apprendre à distinguer la forme de chaque caractère dans un vocabulaire de taille souvent importante, il doit en plus être capable de la distinguer dans chacun des styles typographiques (polices), chaque corps et chaque langue, proposés dans le même document. Cette généralisation omni fonte et multilingue n'est pas toujours facile à cerner par les OCR et reste génératrice de leurs principales erreurs [5].

Un système de reconnaissance de caractères est composé de plusieurs modules :

Segmentation, apprentissage, reconnaissance et vérification lexicale.

- **La segmentation** permet d'isoler les éléments textuels, mots et caractères, pour la reconnaissance. Elle se base sur des mesures de plages blanches (interlignes et inter caractères) pour faire la séparation. La multiplicité des polices et la variation des justifications empêchent de stabiliser les seuils de séparation, conduisant à la génération de blancs inexistants ou au contraire à l'ignorance de blancs séparateurs de mots. Ce type d'erreur est très fréquent, d'après une récente étude réalisée par Rice [9].

- **La reconnaissance de caractères** permet de se prononcer sur l'identité d'un caractère à partir d'un apprentissage de sa forme. Cette étape nécessite une étape préalable de para métrisation de la forme, définissant des données, des mesures, ou des indices visuels sur lesquels s'appuie la méthode de reconnaissance. Suivant la nature de ces informations, il existe plusieurs catégories de méthodes : syntaxique (description par une grammaire), structurelle (description par un graphe), ou statistique (description par partitionnement de l'espace). Ces dernières ont de loin le plus grand intérêt avec les méthodes à base de réseaux de neurones, ou de modèles stochastiques. La complexité de la tâche vient de l'apprentissage qui nécessite, pour sa stabilité, d'un très grand nombre d'échantillons par classe, et de la recherche d'indices visuels discriminants, ce qui n'est pas aisé dans un contexte omni fonte comme celui concerné par la numérisation automatique. Pour accélérer la reconnaissance, certains OCR s'appuient sur la similarité entre une forme reconnue et les formes étudiées.

- **Le post-traitement** est effectué quand le processus de reconnaissance aboutit à la génération d'une liste de lettres ou de mots possibles, éventuellement classés par ordre décroissant de vraisemblance. Le but principal est d'améliorer le taux de reconnaissance en faisant des corrections orthographiques ou morphologiques à l'aide de dictionnaires de digrammes, trigrammes ou n-grammes. Quand il s'agit de la reconnaissance de phrases entières, on fait intervenir des contraintes de niveaux successifs : lexical, syntaxique ou sémantique.

I.5 Conclusion

Dans ce chapitre nous avons abordé les domaines les plus pertinents par rapport à notre projet de fin d'études, toutes fois c'est domaine reste très vaste et s'inscrivent dans des créneaux de recherches d'actualité, dans le domaine informatique.

Les principes de la réalisation d'un OCR s'inspirent fortement des techniques et méthodes décrites dans ce chapitre, nous allons présenter plus de détails dans les chapitres suivants.

II. La conception

II.1 Conception des données

Les données sont indispensables pour la réussite de notre système SNAGEL-HORS LIGNE. A travers les ressources de données, notre système aura la possibilité d'éditer les prés imprimés d'une copie d'examen. L'utilisation des données ne se limite pas à l'édition des prés imprimés. En effet, elle permet aussi l'authentification (identification) de la copie d'un étudiant une fois celle-ci numérisée puis reconnue par l'OCR. L'objectif de l'authentification est de classer puis de mettre en ligne la copie afin de l'exploiter par le système SNAGEL-ON LIGNE. La classification des copies reconnues par l'OCR se base sur un protocole de nommage des fichiers images des copies. Le format des noms de fichiers générés par notre logiciel est comme suit :

Codeetudiant_codemodule_codetypeexamen_codeenseignant_id_classe_date examen.jpeag

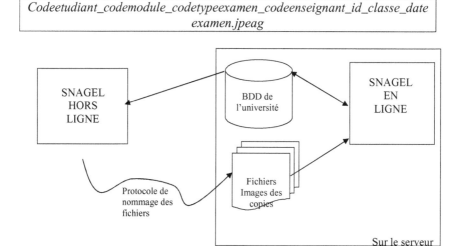

Figure 7 : Schéma global explicatif du système de nommage

Nous avons convenu en collaboration avec l'équipe chargée de SNAGEL-EN-LIGNE de représenter dans les noms des fichiers des copies toutes les informations nécessaires à l'identification claire et précise de la copie de l'étudiant (code de l'étudiant, code de l'examen, code du module, code de l'enseignant, date de l'examen). Ces informations sont composées exclusivement de caractères numériques en excluant tout caractère alphabétique, spécial ou de ponctuation. Le seul caractère de ponctuation que nous avons utilisé pour séparer les différentes informations est le tiret (_ : tiret du 8).

La source de données de notre application peut être matérialisée de différentes façons : Une base de données locale, une basse de données distante ou bien des données en provenance d'un annuaire LDAP[1] (Lightweight Directory Access Protocol). Ces possibilités sont détaillées dans le point traitant la conception des traitements. Il est à noter que nous nous sommes reposés sur le principe que les données seront extraites à partir d'une source de données externe à notre application, et qui peut être, idéalement, la base de données globale de l'université.

---

[1] LDAP : Protocole permettant l'interrogation et la modification des services d'annuaire.

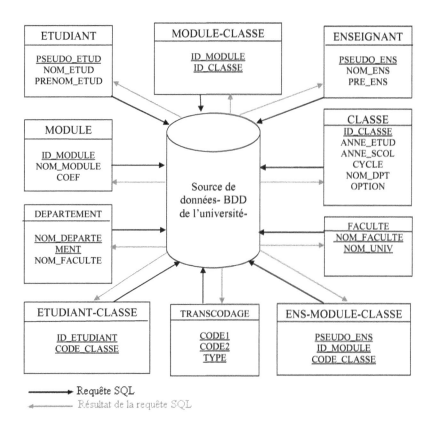

Figure 8 : Schéma de données du SNAGEL-HORS LIGNE

En effet le résultat des requêtes SQL effectuées sur la source de données (BDD de l'université), est un ensemble de tables virtuelles, ces tables sont le résultat d'une vue sur la base de données.

Dictionnaire de données

Code	Signification	Type
PSEUDO_ENS	La clé de la table ENSEIGNANT	Alphanumérique
NOM_ENS	L'attribut du nom de l'enseignant	Alphanumérique
PRENOM_ENS	L'attribut du prénom de l'enseignant	Alphanumérique
PSEUDO_ETUD	La clé de la table ETUDIANT	Alphanumérique
NOM_ETUD	L'attribut du nom de l'étudiant	Alphanumérique
PRENOM_ETUD	L'attribut du prénom de l'étudiant	Alphanumérique
ID_MODULE	La clé de la table MODULE	Alphanumérique
NOM_MODULE	L'attribut de l'intitulé du module	Alphanumérique
COEF	Le cœfficient de module	Alphanumérique
NOM_DEPARTEMENT	La clé de la table DEPARTEMENT	Alphanumérique
NOM_FACULTE	L'attribut de nom de la faculté	Alphanumérique
NOM_FACULTE	La clé de la table FACULTE	Alphanumérique
NOM_UNIV	L'attribut du nom de l'établissement	Alphanumérique
ID_CLASSE	Attribut d'identification d'une classe	Alphanumérique
ANNE_SCOL	Année scolaire	Alphanumérique
ANNE_ETUD	Niveau d'étude	Alphanumérique
CYCLE	Cycle d'étude	Alphanumérique
OPTION	Option du cycle de formation	Alphanumérique
CODE1	Clé du type à coder	Alphanumérique
CODE2	Clé du type codé	Numérique
TYPE	Type de la table à coder sa clé	Alphanumérique

II.2 Conception des traitements

Pour arriver à réaliser un logiciel répondant aux besoins des utilisateurs, il faut une bonne conception et modélisation, la partie la plus importance de la conception est le cahier des charges, ce dernier exprime les besoins des utilisateurs qui constituent le fil conducteur toute au long de la réalisation de notre logiciel.

Ce chapitre présente la conception de notre logiciel selon les principes d'UML (Unified Modeling Language), il consiste à modéliser les deux vues de notre système en l'occurrence :

- La vue statique, qui comporte l'ensemble des diagrammes suivant : Diagramme de cas d'utilisation et diagramme de classes.
- La vue dynamique, qui comporte l'ensemble des diagrammes suivant : Diagramme de séquence et diagramme d'activités.

L'objectif de la conception est de structurer les fonctionnalités de notre logiciel, c'est une expression des besoins qui décrivent le cahier des charges.

En informatique, la conception permet de :

- Définir les spécifications du logiciel attendu indépendamment d'un langage de programmation ;
- Organiser le travail de multiples programmeurs vers un objectif prédéfini.

Nous présenterons dans ce qui suit une description globale de notre logiciel, et les différents diagrammes sus cités.

II.2.1 Cahier des charges

Deux types d'utilisateurs auront à utiliser le logiciel SNAGEL (hors ligne), un utilisateur dit « Administrateur», qui a un accès total et privé à l'ensemble des fonctions qu'offre notre logiciel. Ces fonctions sont les suivantes :

- Le choix de la langue (Français, Anglais)
- Le choix de la source d'exploration des données des étudiants pour l'édition des prés imprimés qui peuvent se présenter sous différentes formes, soit :
    - Comme une base de donnée locale et/ou distante avec le type de la base de donnée (Microsoft Access ou MYSQL qui nécessite dans ce cas l'introduction du chemin de la base et ainsi le mot de passe et le nom de l'utilisateur -droits d'accès- ou autres types de base de données),
    - Comme des données extraites en utilisant le protocole LDAP (**Lightweight Directory Access Protocol)**.
    - Comme des données issues d'un Fichiers Excel et /ou texte),
- Introduire les paramètres liés au serveur d'hébergement des copies d'examen des étudiants. Eventuellement le répertoire de destination.

Toutes ces possibilités nécessitent le développement d'un module de configuration dédié exclusivement à l'Administrateur.

L'autre utilisateur, dit «Utilisateur simple», a la possibilité de réaliser un archivage numérique à partir des copies d'examen. Cette opération permet un classement des copies selon leur appartenance (facultés, département, filière, cycle, niveau, matière, étudiant).

Pour cela, plusieurs modules doivent être implémentés :

1. Un module de création des prés imprimés (impression des entêtes des copies).
2. Un module de numérisation.
3. Un module de classement.
4. Un module d'hébergement des copies sur un serveur.

Le module de création des prés imprimés se base sur la base de données locale ou distante et permet d'imprimer les différents entêtes des copies d'examen d'une façon automatique.

Le module de numérisation démarre à partir de copies originales mises dans un chargeur automatique d'un scanner. Puis il doit générer un dossier comportant en vrac toutes les copies d'examen. Ici, nous avons envisagé l'utilisation d'un logiciel de numérisation du marché. Nous pouvons aussi, dans un souci d'une meilleure intégration, prévoir un module spécifique réalisé par nos soins.

Le module de classement démarre à partir des copies numérisées (images) et se servira de techniques de reconnaissance des caractères (imprimés) pour identifier toutes les informations nécessaires pour effectuer un classement des différentes feuilles des copies d'examens. Parmi ces informations, on a la date de l'examen et les codes l'étudiant, de l'enseignant, de la faculté, du département, de l'option, du cycle, du niveau concerné (année d'étude). Le module de classement englobe, en réalité trois sous modules : la reconnaissance des caractères, la fusion des copies d'un même étudiant et enfin l'identification. La reconnaissance de caractère est un processus permettant d'extraire à partir des images des copies une information textuelle permettant d'identifier la copie. Le module de fusion se base sur le module de reconnaissance et exploite la reconnaissance des numéros de pages. Ainsi, toutes les pages d'une même copie vont être regroupées au sein du même fichier image. Enfin, le module d'identification se base d'une par sur les informations reconnue dans la copie d'examen et d'autre part sur des informations stocké dans une base de données qui avait servie pour l'édition des pré-imprimés. Si les informations reconnues sont retrouvé dans la base de données, alors, on dira que la copie existe bel et bien et donc identifiée.

Le module d'hébergement permet de transférer l'ensemble des copies classées vers un serveur distant ou local en toute sécurité.

Un aspect important du produit à réaliser est lié à la sensibilité du domaine auquel nous nous attaquons. En effet, l'évaluation sommative ne tolère pas d'égarer ou de confondre les copies des étudiants. C'est pour que l'exigence de fiabilité du processus de reconnaissance des caractères est maximale. C'est d'ailleurs, la raison pour laquelle nous rejetons d'ores et déjà la reconnaissance de texte écrit à la main.

II.2.2 Modélisation

II.2.2.1 Les cas d'utilisation (USE CASE)

Le diagramme de cas d'utilisation permet de décrire une situation d'utilisation du système décrite en termes d'interactions entre les acteurs (éléments externes) et le système. La description textuelle permet de dégager un ensemble de cas d'utilisation ainsi que les acteurs intervenants. UML permet aussi de représenter des relations entre les diagrammes de cas d'utilisation et de raffiner ceux qui sont complexes.

Liste des cas d'utilisation	Description
Choisir la langue du logiciel	L'administrateur doit choisir une langue d'utilisation de notre logiciel ; par défaut, celle-ci est en Français.
Choisir la source des données des étudiants	L'administrateur doit préciser la source des données de l'application.
Configurer le serveur d'hébergement des copies	L'administrateur paramètre le serveur FTP afin de transférer les copies en ligne des étudiants vers le serveur pour qu'elles soient copiées dans un dossier prédéfini.
Editer les prés imprimés des copies d'examen	L'utilisateur édite des prés imprimés à partir de la source des données configurées par l'administrateur.
Numériser les copies d'examen	L'utilisateur numérise l'ensemble des copies des étudiants avec une multitude de choix (résolution, type de format d'images…).

Reconnaître le texte des prés imprimés des copies d'examen	Une fois que les copies sont numérisées, le contenu de l'entête des copies doit être reconnu.
Identifier les copies d'examen	Une fois que le contenu est reconnu, la copie sera facilement identifiée avec une vérification dans la base de données utilisée.
Mettre en ligne les copies d'examen	Toutes les copies identifiées seront transférées sur le serveur distant ou local selon les paramètres introduits par l'administrateur.

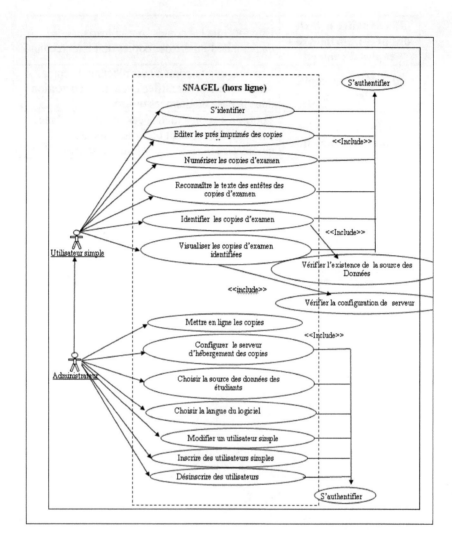

Figure 9: Diagramme des cas d'utilisation

II.2.2.2 Diagramme de classes

- **Identification des classes**

Une classe est la description d'un ensemble d'objets qui partagent les mêmes attributs, les mêmes opérations, les mêmes relations et la même sémantique. Les classes de notre système sont :

Liste des classes	Description
Utilisateur	C'est celui qui utilisera le système.
Administrateur	Configuration de système.
Langue	La langue de logiciel.
Source de données	Peut être obtenue enligne or hors ligne
Serveur	C'est le chemin de transmission des copies identifiées
Copie physique	C'est la copie d'examen avant qui soit numérisée.
Copie numérique	C'est la copie d'examen après sa numérisation
Pré imprimé	C'est un ensemble d'informations relatives à l'étudiant, à la chargée du module, à l'établissement, à la date, …

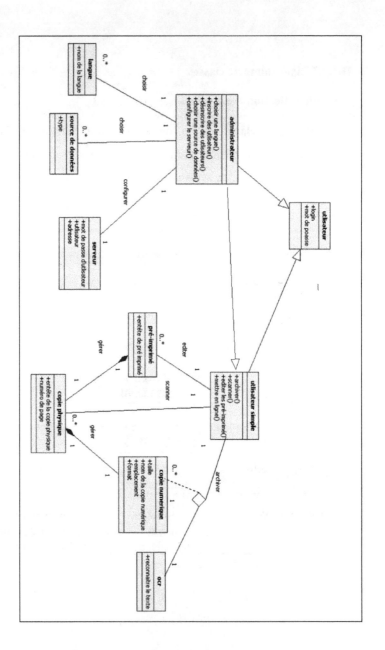

Figure 10 : Diagramme de classes

39

Description des relations entre les classes de système :
Un utilisateur est composé d'un utilisateur simple et un administrateur et ils sont caractérisés par un login et un mot de passe.
Un administrateur peut choisir une seule langue.
Un administrateur peut choisir une seule source de données.
Un administrateur peut configurer un seul serveur.
L'utilisateur simple et l'administrateur peuvent éditer plusieurs prés imprimés
Un seul pré imprimé génère une seule copie physique.
Une seule copie physique génère une seule copie numérique.
L'utilisateur simple et l'administrateur peuvent scanner plusieurs copies physiques.
Un utilisateur simple et l'administrateur peuvent archiver plusieurs copies physiques grâce à l'OCR.

II.2.2.3 Diagrammes de séquence

Dans ce qui suit, nous allons présenter l'ensemble des diagrammes de séquences globaux pour les cas d'utilisation vu précédemment.

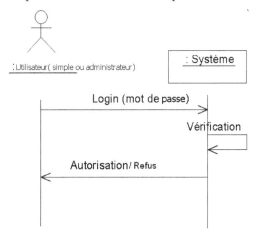

Figure 11 : Diagramme de séquence de cas d'utilisation « Identifier »

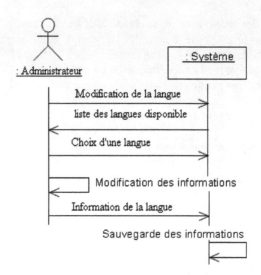

Figure 12 : Diagramme de séquence de cas d'utilisation « choisir la langue du logiciel »

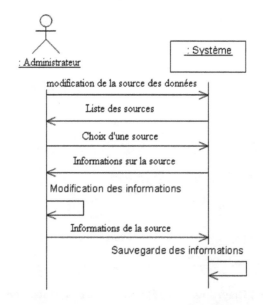

Figure 13 : Diagramme de séquence de cas d'utilisation « Choisir la source des données des étudiants »

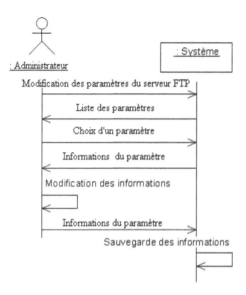

Figure 14 : Diagramme de séquence de cas d'utilisation «Configurer le serveur d'hébergement des copies»

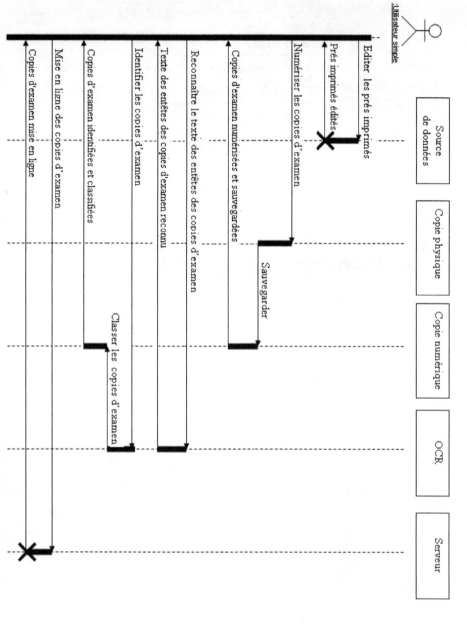

Figure 15 : Diagramme de séquence de cas d'utilisation « Editer les prés imprimés, Numériser, Reconnaître le texte des entêtes des prés imprimés, Identifier, Visualiser et Mettre en ligne les copies d'examen des étudiants »

43

II.2.2.4 Diagrammes d'Activité

Les diagrammes d'activités décrivent la succession des activités au sein d'un système, Ils présentent la vue dynamique d'un système, ils sont particulièrement importants dans la modélisation des fonctions d'un système et mettent l'accent sur le contrôle entre les objets du système.

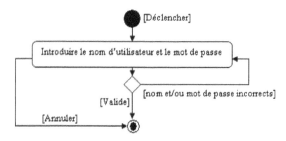

Figure 16 : Diagramme d'activité « Identification »

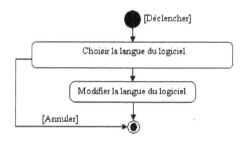

Figure 17: Diagramme d'activité « Choisir la langue du logiciel »

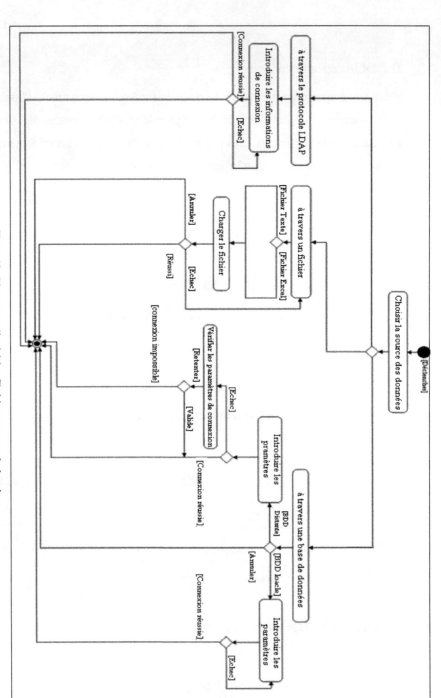

Figure 18 : Diagramme d'activité « Choisir une source de données »

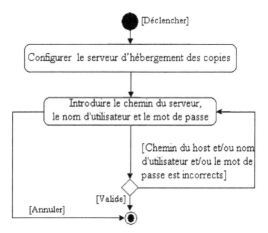

Figure 19 : Diagramme d'activité « Configurer le serveur d'hébergement des copies»

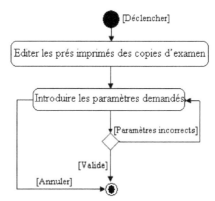

Figure 20 : Diagramme d'activité « Editer les prés imprimés des copies d'examen »

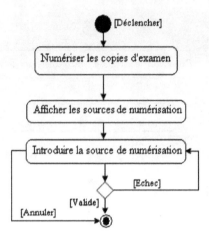

Figure 21 : Diagramme d'activité « Numériser les copies d'examen »

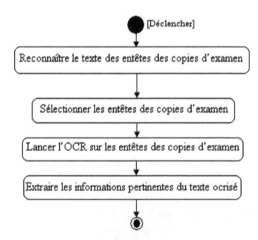

Figure 22 : Diagramme d'activité « Reconnaître le texte des entêtes des copies d'examen»

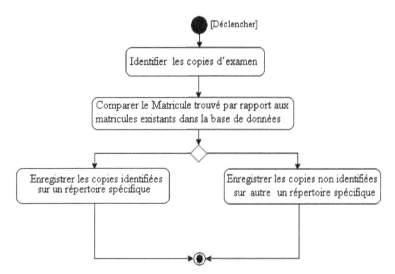

Figure 23 : Diagramme d'activité « Identifier les copies d'examen »

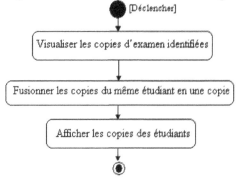

Figure 24 : Diagramme d'activité « Visualiser les copies d'examen identifiées »

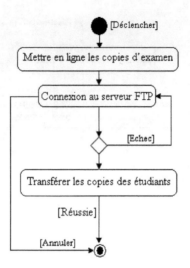

Figure 25 : Diagramme d'activité « Mettre en ligne les copies d'examen »

II.2.2.5 Diagramme de déploiement

Un diagramme de déploiement décrit la disposition physique des ressources matérielles qui composent le système et montre la répartition des composants sur ces matériels. Chaque ressource étant matérialisée par un nœud, le diagramme de déploiement précise comment les composants sont répartis sur les nœuds et quelles sont les connexions entre les composants ou les nœuds.

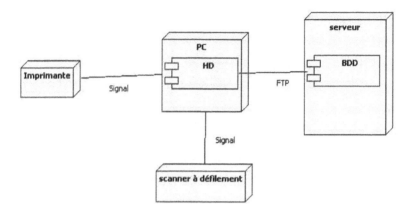

Figure 26 : Diagramme de déploiement

D'un point de vue exploitation de SNAGEL, il faut prévoir que ce dispositif soit accessible au niveau des départements de l'université. Il faut donner la possibilité à un enseignant de télécharger notre application depuis le portail de SNAGEL hébergé dans le serveur web de l'université. Ce portail va sert d'espace d'information et de documentation au sujet du système que nous allons développer.

II.3 Conclusion

Dans ce chapitre nous avons présenté notre conception qui est indispensable pour mieux cerner et comprendre l'architecture de notre logiciel afin d'aboutir à une très bonne réalisation qui soit plus fidèle aux spécifications.

A présent nous pouvons entamer l'implémentation de notre application SNAGEL-HORS LIGNE en se basant sur les multitudes techniques et concepts de la programmation orientée objet en exploitant les composants qu'offre l'environnement de développement que nous avons choisi en l'occurrence BORLAND DELPHI 7.

III. L'implémentation

Ce chapitre est consacré à la présentation de l'implémentation de notre système SNAGEL-HORS LIGNE, nous présenterons l'architecture générale de notre application. Ceci sera suivi de l'interface, et des détails techniques de codage. Ensuite, nous présenterons les tests unitaires suivis du modèle d'intégration de notre application. Afin de valider notre produit, nous avons entamé une expérimentation puis nous allons expliquer le processus de déploiement utilisé.

III.1 Environnement de développement

Pour la mise en œuvre du système SNAGEL on a utilisé deux environnements de développement différents. Pour la partie hors ligne (que nous traitons dans ce rapport), nous avons utilisé l'environnement de développement intégré Delphi. Pour la partie en ligne, on a utilisé l'environnement Apache/PHP/MySQL. Les modules de la partie hors ligne utilisent la même base de données que les modules de la partie en ligne. Cette base de données est située sur un serveur MySQL. Le fonctionnement de cette partie hors ligne de SNAGEL se base sur les techniques de reconnaissance optique de caractères.

III.2 Architecture générale

SNAGEL HORS LIGNE est directement liée à l'organisation traditionnelle des examens en classe. Il offre sept modules permettant : 1- d'imprimer les entêtes des feuilles d'examens, 2 - de numériser les copies d'examens, 3 - de traiter ces images produites, 4 - de reconnaitre les informations utiles inscrites au niveau des entêtes des ces images, 5 - de fusionner les pages, 6 – d'identifier les copies, et 7 – de transférer les copies identifier sur le serveur hébergeant la partie hors ligne de SNAGEL.

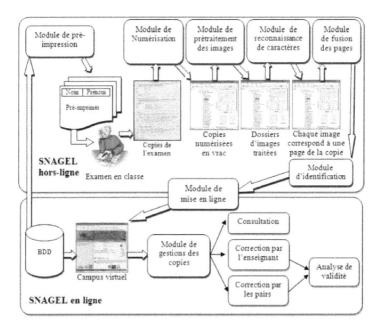

Figure 27 : Schéma général du système SNAGEL

Les 7 modules sont organisés en cascade : la sortie de d'un module constitue l'entrée de d'un autre module. Cette organisation traduit exactement le processus permettant de transférer des copies identifiées sur un serveur distant. Nous présentons dans ce qui suit chacun de ces modules en indiquant leurs interfaces utilisateur et les codages qui permettent de concrétiser les fonctions (ou services) qu'il doit assurer.

III.3 Implémentation des modules

L'interface globale ci-dessous permet l'exploitation de l'ensemble des modules de SNAGEL. L'un des aspects les plus importants que nous avons pris en compte dans la conception de cette interface est à la fois la simplicité, l'ergonomie et la clarté. La simplicité est prise en compte par le fait que seules les informations utiles et nécessaires sont affichées. La clarté est assurée par le fait de représenter graphiquement le processus de numérisation et d'archivage entier à travers un schéma global. L'ergonomie est assurée par le confort visuel et fonctionnel que permet SNAGEL.

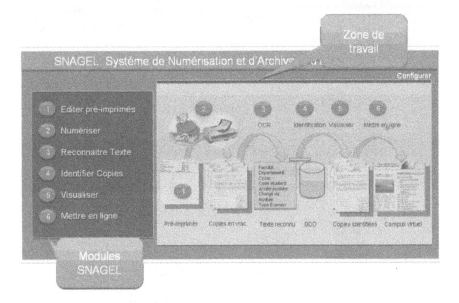

Figure 28 : Interface de SNAGEL

III.3.1 Module des prés imprimés

L'édition des pré-imprimés (Figure 27) consiste à imprimer les entêtes des copies d'examen. Cette phase permet de situer la zone de la copie (page) qui sera exploitée pour l'identification. Notre choix de se baser sur une reconnaissance de caractères imprimés est motivé par le souci d'une plus grande fiabilité. Cependant, cela impose des contraintes organisationnelles (contrainte au niveau du format des papiers d'examens, contrainte de la pré-impression en elle-même).

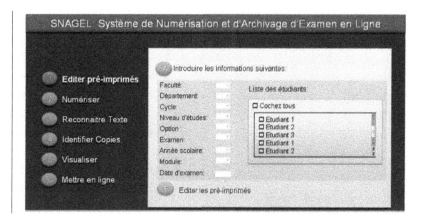

Figure 29 : Interface d'édition des prés imprimés

Les pré-imprimés des examens doivent être édités à l'avance et doivent contenir toutes les informations identifiant l'étudiant et l'examen. Ils sont obtenus grâce aux requêtes SQL sur des vues de la base de données (voir chapitre II.1).

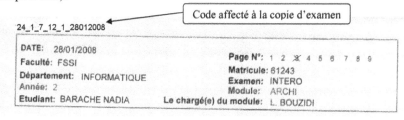

Figure 30 : Exemple d'entête d'une copie d'examen

Le test de ce module à été réalisé sur la base de données de l'université pour une classe de 2ème année ingénieur en informatique. Le module a été fiable à 100 %.

III.3.2 Module de la numérisation

La Numérisation **[10]** permet la conversion du document papier sous la forme d'une image numérique (bitmap). Elle se préoccupe de la préparation des documents à acquérir, du choix et du paramétrage du matériel d'acquisition (scanner), ainsi que du format de stockage des images. Dans notre cas, nous supposons que le format des documents à numérisé est A4 et que la résolution de la numérisation est relativement faible (entre 75 et 100 dpi). Pour la numérisation des copies on a utilisé une bibliothèque du groupe TwainWorkingGroup**[11]**.

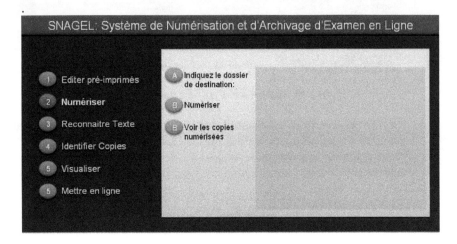

Figure 31 : Interface de la numérisation des copies des étudiants

III.3.3 Module de la reconnaissance du texte

III.3.3.1 Extraction des lignes

Le principe de cette fonction est comme suit :

1. Faire un balayage horizontal sur toute l'image jusqu'à ce qu'on trouve une ligne non vide.

2. Puis on récupérant les coordonnées (Les coordonnées du début de la ligne).

3. On continue le balayage jusqu'à ce que on trouve une ligne vide et, on récupère les coordonnés (les coordonnées de la fin de la ligne).

4. On répète ce processus jusqu'à ce qu'on extraie toutes les lignes.

III.3.3.2 Extraction des caractères

Une fois que les lignes sont repérées, il reste qu'à extraire les caractères et pour cela on applique les étapes suivantes :

1. On fait un balayage vertical de la ligne jusqu'à ce qu'on trouve une colonne non vide (Les coordonnées du début de caractère).

2. On continue le balayage jusqu'à ce qu'on trouve une autre colonne vide (les coordonnées de la fin de caractère) et on extrait le caractère.

3. Puis on applique le principe ci-dessus (extraction des lignes), pour le caractère trouvé pour cerner ce dernier.

4. On applique ce procédé jusqu'à l'extraction de tous les caractères de la ligne concernée.

III.3.3.3 Identification des caractères

Pour identifier les caractères après l'extraction on doit appliquer une méthode de comparaison avec des prototypes existants, et on choisit celui qui correspond mieux, dans le cas où le résultat de la comparaison est négatif, le module d'apprentissage déclenchera, afin d'apprendre éventuellement la lettre trouvée, il offre la possibilité de voir la lettre trouvé d'introduire sa signification textuelle manuellement.

III.3.3.3.1 Les méthodes de comparaisons

Méthode de comparaison directe

On compare entre le caractère trouvé et le caractère prototype, pixel par pixel et, on définit le degré de corrélation entre les deux caractères [13].

$$S = aligne(1 - \frac{XOR(I_a, I_b)}{Max(I_a, I_b)})$$

A	B	f(A,B)
0	0	0
0	1	1
1	0	1
1	1	0

S : degré de corrélation,

A : Pixel de l'image A (0 pour le pixel noir, 1 pour le pixel blanc),

B : Pixel de l'image B (0 pour le pixel noir, 1 pour le pixel blanc).

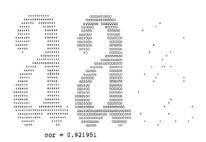

cor = 0.921951

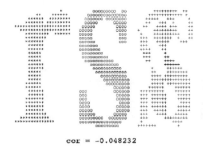

cor = -0.048232

Méthode de comparaison indirecte

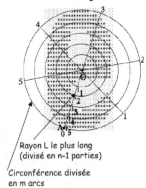

Rayon L le plus long
(divisé en n-1 parties)

Circonférence divisée
en m arcs

	0	1	2	3	4	5
0	1	0	0	1	1	1
1	1	0	0	1	0	0
2	1	1	1	0	0	0
3	1	0	1	1	1	0
4	1	0	1	1	1	0
5	1	1	1	0	0	0

pour i:=0 à n-1
pour j:=0 à m-1
si point(il/(n-1), j(360/m)) ∈ forme **alo**
M(i,j) := 1
sinon

Tel que :
i,j,n,m : entiers
M : Matrice binaire
XOR: opérateur logique
S: degré de corrélation

M(i,j) := 0
fsi
fpour
fpour

S:=0;
pour i:=0 à n-1
pour j:=0 à m-1
S:=S+ M1(i,j).XOR.M2(i,j)
fpour
fpour
Similarité = 1-(S/((m-2)m))

Remarque : avant d'effectuer les étapes précédentes il faux faire un prétraitement de l'image (Binarisation et ajustement de l'image), citée au chapitre I.2.

Pour des raisons de simplicité, nous avons choisi d'implémenter la première méthode. Mais devant le succès de la bibliothèque de Microsoft Office Document Imaging qui offre des fonctionnalités de reconnaissances du texte très puissante et dans le souci d'une meilleure intégration de notre système SNAGEL, nous avons choisi d'utiliser l'unité MODI_TLB.PAS générée à partir de données lues depuis la bibliothèque de types (MDIVWCTL.DLL).

III.3.4 Module de l'identification des copies

L'identification des copies ce fait après la reconnaissance des caractères et cette étape consiste à faire une comparaison entre le texte identifiés et le contenue de la base de données, et on récupère les données nécessaire pour le nom de sortie du fichier image ayant une spécification fixe (voir chapitre II.1).

III.3.5 Module de la visualisation des copies identifiées

En cliquant sur le bouton visualiser, l'ensemble des copies identifiées seront visualisés une interface agréable sera affichée.

III.3.6 Module de la mise en ligne

La mise en ligne s'effectue avec un simple clic sur le bouton « mise en ligne », l'interface ci-dessous d'affichera, il permettra à l'utilisateur d'indiquer le dossier de source ayant l'ensemble des copies des étudiants identifiées et fusionnées.

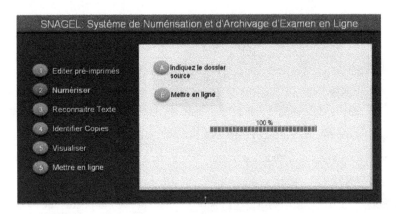

Figure 32 : Interface du module de la mise en ligne des copies

III.4 Unités implémentées des différents modules

Nous avons implémenté les différents modules du SNAGEL; sous BORLAND DELPHI 7, dans ce qui suit nous allons présenter et décrire ces différentes unités.

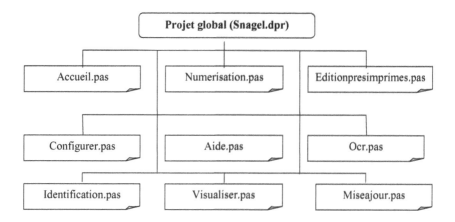

Figure 33 : Schéma technique des unités globales implémentées, correspondantes aux modules conçus

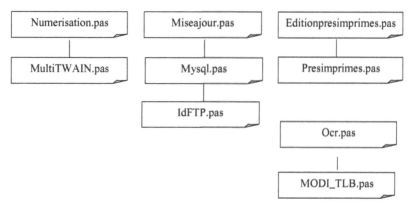

Figure 34 : Schéma technique des sous unités globales implémentées, correspondantes aux modules conçus

Description des unités

Nom de l'unité	Désignation
Accueil.pas	Page d'accueil de l'application
Numerisation.pas	Permet de réaliser la numérisation des copies des étudiants
Editionpresimprimes.pas	Permet d'éditer les entêtes copies des étudiants
Configurer.pas	Permet de configurer le logiciel

Aide.pas	Page animée pour aider l'utilisateur à utiliser le logiciel
Ocr.pas	Permet de reconnaitre le texte
Identification.pas	Permet la fusion des pages d'une copie d'examen
Visualiser.pas	Permet la visualisation des copies archivées
Miseajour.pas	Permet la mise à jour des copies d'examen archivées
MultiTWAIN.pas	Permet l'exploitation des fonctionnalités des Scanners
Mysql.pas	Implémente les fonctionnalités du serveur de base de données MYSQL version 4. obtenu à travers (libmySQL.dll)
Presimprimes.pas	Résultats des requêtes SQL
IdFTP.pas	Implémentation du protocole FTP

III.5 Conclusion

La réalisation de SNAGEL, nous a permis d'acquérir des nouvelles connaissances et compétences en programmation Orienté Objet et les avantages des mécanismes du concept objet, nous avons également développé des connaissances solides sur la conception et l'implémentation des bases de données PARADOX et MYSQL, et en fin, ce travail nous a permis de manipuler et de maitriser la gestion du protocole FTP.

IV. Expérimentation

Dans ce chapitre nous allons présenter, les différentes contraintes d'intégration de notre système et les différentes possibilités d'utilisation de ce dernier toute en accentuant sur les résultats obtenus à l'issue des tests effectués sur le système.

IV.1 Contraintes d'intégration

Le système SNAGEL, est téléchargeable sur le site Internet de l'université, son utilisation est simplifiée, de sorte à ce qu'il soit utilisé aussi bien par l'administration (Faculté, département, etc....) que par l'enseignant qui peut l'exploiter depuis chez lui.

Pour exploiter SNAGEL, l'utilisateur, doit posséder un Micro-ordinateur moyennement puissant, une imprimante, un scanner de préférence à chargeur automatique pour une meilleure utilisation.

IV.2 Résultats

La partie hors-ligne du système SNAGEL est opérationnelle. Une expérimentation sur un examen impliquant 60 étudiants a été menée. Les résultats obtenus attestent d'une reconnaissance des copies avec une fidélité de 100% en utilisant des caractères imprimés et une faible qualité de numérisation (100 dpi). Nous avons donc pu réaliser la classification des copies d'examens avec un succès de 100%. Nous avons délibérément choisi de ne pas traiter le cas des textes manuscrits. Ce choix est justifié par deux raisons : le caractère sensible de l'évaluation sommative pour laquelle l'erreur n'est pas acceptable et les problèmes techniques qui se posent pour avoir une reconnaissance de caractères manuscrits fidèle à 100%.

Conclusion générale & perspectives

La problématique traitée dans le cadre de ce projet est importante pour toute la communauté universitaire, car elle touche au processus d'évaluation qui constitue l'une des activités les plus fastidieuses de l'enseignement. Son apport est triples : Réduire les délais de gestion de l'après examen, permettre une gestion statistique des données archivées, permettre une gestion pédagogiques des examens. Notre travail actuel n'englobe pas tous les aspects du projet SNAGEL ; nous sommes intéressés uniquement à la partie hors ligne. Cette partie met en œuvre sept modules permettant de procéder à un prolongement virtuel des examens : édition des pré-imprimés, numérisation, prétraitement des images, reconnaissance de caractères, fusion des copies, identification des copies, mise en ligne. Le point critique de ce travail réside dans le module de reconnaissance de caractère. En effet, vu la sensibilité des examens, la fiabilité de la reconnaissance des copies doit être optimale. Ceci a eu une répercussion directe sur nos décisions quant au choix des techniques mises en œuvre dans ce module. Par exemple, nous avons délibérément choisi de travailler sur la reconnaissance de caractères imprimés. Par ailleurs, bien que SNAGEL permette de reconnaitre des caractères alphanumériques, nous avons pris la décision de travailler uniquement sur des codes numérique de sorte à augmenter encore la fiabilité de notre système. En l'état actuel des choses, nous pouvons affirmer que SNAGEL est fiable à 100%.

Il faut noter que SNAGEL a mis en œuvre un groupe composé de deux équipes et d'un maitre d'ouvrage. Cette situation nous a montré à quel point il n'est pas évident de collaborer pour la réalisation d'un grand projet. En effet, nous avons rencontré des difficultés dans les phases d'intégration que ce soit au niveau interne de SNAGEL (entre la partie en ligne et la partie hors ligne) qu'au niveau externe (prise en compte de l'existant, ou plutôt l'inexistant !). Nous avons découvert que l'université de Bejaia ne dispose pas encore d'une étude de son système d'information. Ce dernier était essentiel dans la phase d'intégration de notre logiciel.

Diverses perspectives futures peuvent être envisagées pour étendre le champ d'utilisation de SNAGEL et pour permettre son intégration dans d'autres systèmes. Par exemple, il est souhaitable de proposer une version SNAGEL travaillant sur du texte écrit à la main. De plus, on peut envisage d'augmenter ses possibilité d'adaptation en rendant configurable son utilisation. Actuellement, ce système est adapté à l'université algérienne, mais il serait souhaitable qu'on offre une version simplifiée qui permettra à n'importe quel enseignant de créer une classe et de numériser les copies de ses étudiants.

Sources de l'information et de la documentation

A- Bibliographie

[7] Anigbogu J. And Belaïd A., « Mise à contribution de plusieurs classifieurs pour la reconnaissance de textes multifontes». Revue Traitement du signal, vol 11, n. 2, 1994

[10] Belaïd A. et Belaïd Y., « Reconnaissance des Formes : Méthodes et applications », InterEditions, janvier 1992.

[5] Belaïd A., « OCR Print - An Overview, In: Survey of the state of the art in Human Language Technology ». Kluwer Academic Plublishers, 1995, ch. 2.

[3] FANNADER R., LEROUX H., « UML principes de modélisation », Paris : DUNOD, 1999.

[8] Ingold R. and Zramdini A., «Optical font identification using typographic features», On Pattern Analysis and Machine Intelligence, vol. 20, n.8, pp. 877-882, August 1998.

[2] KUNT M., « Reconnaissance des formes et analyse de scènes », Presses polytechniques et universitaires RMANDES et CENT France Télécom, 2000.

[1] MILGRAM M., « Reconnaissance des formes, méthodes numérique et connexionnistes », Paris : Edition ARMAND COLIN, 1993.

[9] NAGY G. et NARTKER T., RICE V., « Optical character recognition: an illustrated guide to the frontier». Kluwer Academic Publisher, 1999.

[4] ROQUES P, VALLEE F, « UML en Action de l'analyse des besoins à la conception en Java », Eyrolles, 2000.

[6] SPITZ L, «Determination of the script and language content of document images», On Pattern Analysis and Machine Intelligence, vol. 19, n.3, pp. 235-245, March 1997.

B- Sites Internet

[11] : http://www.twain.org/
[12] :
http://www.aecom.org/blog/veille/pdf/archivage%20electronique%20nov2006.ppt/

[13] : http://www.uml.free.fr/

[14] : http://www.dil.univ-mrs.fr/~izard/biblio/rapseuildoc7.pdf

[15] : http://liris.cnrs.fr/christian.wolf/papers/cifed2002.pdf

[16]:
http://liris.cnrs.fr/christian.wolf/papers/lamppr1.ppt#310,41,Binarisation methods: examples/

[17]: http://www.loria.fr/~abelaid/Enseignement/sca-m2-tmn-p/cours4-pretr.pdf

[18]: http://efg2.com/Lab/ImageProcessing/RotateScanline.htm

Oui, je veux morebooks!

i want morebooks!

Buy your books fast and straightforward online - at one of the world's fastest growing online book stores! Environmentally sound due to Print-on-Demand technologies.

Buy your books online at
www.get-morebooks.com

Achetez vos livres en ligne, vite et bien, sur l'une des librairies en ligne les plus performantes au monde!
En protégeant nos ressources et notre environnement grâce à l'impression à la demande.

La librairie en ligne pour acheter plus vite
www.morebooks.fr

OmniScriptum Marketing DEU GmbH
Heinrich-Böcking-Str. 6-8
D - 66121 Saarbrücken
Telefax: +49 681 93 81 567-9

info@omniscriptum.de
www.omniscriptum.de

www.ingramcontent.com/pod-product-compliance
Lightning Source LLC
LaVergne TN
LVHW042346060326
832902LV00006B/419